**O PODER DE
MUDAR HÁBITOS**

CAIENE CASSOLI

O PODER DE MUDAR HÁBITOS

COMO RECONHECER FRAQUEZAS E
POTENCIALIZAR SUAS HABILIDADES

EDITORA
IDEIAS&
LETRAS

DIREÇÃO EDITORIAL:
Marlos Aurélio

CONSELHO EDITORIAL:
Fábio E. R. Silva
Márcio Fabri dos Anjos
Mauro Vilela

COPIDESQUE E REVISÃO:
Luiz Filipe Armani

DIAGRAMAÇÃO:
Tatiana Alleoni Crivellari

CAPA:
Fábio Kato

Todos os direitos em língua portuguesa, para o Brasil, reservados à Editora Ideias & Letras, 2022.

4ª impressão

EDITORA
IDEIAS&
LETRAS

Avenida São Gabriel, 495
Conjunto 42 - 4º andar
Jardim Paulista – São Paulo/SP
Cep: 01435-001
Televendas: 0800 777 6004
vendas@ideiaseletras.com.br
www.ideiaseletras.com.br

Dados Internacionais de Catalogação na Publicação (CIP)
(Câmara Brasileira do Livro, SP, Brasil)

O poder de mudar hábitos: como reconhecer fraquezas e potencializar suas habilidades /
Caiene Cassoli
São Paulo: Ideias & Letras, 2017.
Bibliografia.
ISBN 978-85-5580-029-0

1. Conduta de vida 2. Cotidiano 3. Hábitos 4. Hábitos - Mudança
5. Vida - Habilidades básicas I. Título.

17-05969   CDD-158.1

Índice para catálogo sistemático:
1. Mudança de hábitos: Conduta de vida: Psicologia aplicada 158.1

"

*É mais fácil vencer um mau hábito hoje
do que amanhã.*

Confúcio

"

SUMÁRIO

Introdução	9
1 - Dias melhores sempre virão	11
2 - Quando a crítica constrói	15
3 - Não carregue o peso que não te pertence	19
4 - Engate a ré, se puder	21
5 - Será que podemos sofrer em paz?	23
6 - Falhas na comunicação	25
7 - E se a vida fosse um livro?	29
8 - Quando foi que tudo ficou tão errado?	31
9 - Quem é você, afinal?	33
10 - Temos dias e dias	35
11 - Deus não comprou o seu carro	37
12 - Sim, há uma verdade absoluta	39
13 - Decoração	41

14 - Chega de inutilidades 43
15 - Não é fácil ser inteligente 45
16 - *Be happy*! 47
17 - Nem tudo é opinião 49
18 - Mães são sempre melhores 51
19 - Amarras 53
20 - Inveja... a inveja 55
21 - Ajuda, você ainda vai precisar dela 57
22 - Coragem 59
23 - Desperdício 61
24 - Dinheiro não traz felicidade? 63
25 - Dicas 65
26 - Rápido, sempre rápido 67
27 - Infeliz ano velho, adeus ano novo 69
Conclusão 71

INTRODUÇÃO

O *poder de mudar hábitos* parte do pressuposto de que somos todos responsáveis pelo desenrolar de nossas vidas. Não importam os fatores externos e sim a forma como lidamos com eles.

São pequenas sugestões, observações, críticas (construtivas). Não sou especialista em nada específico, só tenho a pretensão de falar do cotidiano da vida. Não escrevo sobre psicologia, política, religião. Falo sobre a existência, sobre o dia a dia. Coloco nestas páginas que você está prestes a começar a ler elementos fruto de experiências em que as lições aprendidas merecem ser compartilhadas. Foi nisso que me especializei, em viver, simplesmente. Viver como uma pessoa atarefada, que trabalha, que estuda, que gerencia o lar, que faz malabarismo com as contas no fim do mês, que se esforça pela família, que tem sonhos, medos, indignações; enfim, uma pessoa comum que descreve nuances profundos do ser.

Estou tendo o privilégio de me aproximar de você para tentar ajudar nem que seja um pouquinho a enxergar hábitos de sua vida que talvez você precise mudar. Confesso: tenho a ousadia de tentar fazê-lo identificar fraquezas, a fim, exclusivamente de amortecer os golpes que talvez você receba dia após dia. E ainda, quem sabe, fazê-lo identificar aquilo que o torna forte e usá-lo a seu favor.

Você não encontrará regras, tampouco um manual. Encontrará apenas aquilo que quiser encontrar para tornar o seu dia a dia cada vez melhor.

Boa leitura.

Caiene Cassoli

1

DIAS MELHORES SEMPRE VIRÃO

É comum nos encontrarmos em situações que nada parece dar certo. Acordarmos com a sensação de que o dia não vai passar, e encerramos a jornada com a certeza de que era melhor nem ter saído da cama. Claro, não somos de ferro e tampouco obrigados a sorrir 24 horas por dia, em todos os momentos de nossa vida. Mas quando isso se torna algo rotineiro, é melhor parar para pensar sobre o que realmente está errado; pode ser que o problema não esteja lá fora, mas aí dentro.

Se tudo parece causar irritação, considere a possibilidade de analisar um pouco mais sobre si mesmo e tente praticar um exercício simples de apenas duas fases:

Primeira: toda vez que algo lhe tirar do sério, tente pensar também no lado positivo da situação. Por exemplo, a programação de televisão deixa a desejar e você não aguenta mais estes programas de domingo. Qual o lado positivo? A oportunidade de sair de casa, conversar com amigos, fazer alguma atividade ao ar livre etc. Melhor que passar o dia irritado, é arranjar um outro foco. Se você se prender àquilo que lhe causou o mal-estar, passará o dia se lamuriando. Deixe para lá e siga em frente. Mas se este não foi seu caso, e o exemplo não se aplica à sua situação, não haverá, portanto, lado positivo? É evidente que há, basta você pular para a fase seguinte.

Segunda: se algo lhe incomoda e não há nada que você possa fazer a respeito, pergunte-se se manter este estado de espírito irá resolver as coisas. Por exemplo, no caminho para o seu trabalho ou colégio, você se depara com um imenso congestionamento. O sangue sobe à cabeça, você está atrasado e não tem nenhum outro caminho que você possa fazer. E agora? E agora, nada. Acontece. O que vai resolver ficar irritado com algo que você não pode mudar momentaneamente? Só irá piorar sua situação. Imagine que depois de passar por tudo isso, você chega ao trabalho e no auge da sua irritabilidade, você falte com educação ao seu chefe. A culpa foi do trânsito? Não. A culpa foi sua que não soube lidar com uma situação, que deixou o ambiente externo afetar o seu interior e você preferiu agir assim.

Caso algo lhe incomode e não há nada que você possa fazer a respeito, siga em frente. Todos podemos desenvolver o autocontrole para permitir ou não que situações deste tipo virem uma bola de neve.

Você já reparou que quando deixamos uma tampa de panela cair na cozinha, logo cai um prato, um copo e se duvidar levamos um tropeção e batemos o dedão na quina do armário? Isso por que o que sentimos influencia todo o ambiente externo. E cada vez que somos influenciados negativamente pelo ambiente externo, mostramos que não somos capazes de controlar nossos próprios sentimentos.

Isso tudo não é algo que você passará a dominar no primeiro dia de treino, é uma lição que só dará certo se você incorporar à sua rotina gradativamente. Haverá um dia que você estará preso no trânsito, aproveitando para cantar aquela música que você tanto gosta, de vidros abaixados, sem se importar com o que está acontecendo do lado de fora.

QUANDO A CRÍTICA CONSTRÓI

Criticar ou ser criticado. Quando estamos criticando algo de forma construtiva e quando uma crítica nos ajuda a evoluir?

É comum ouvirmos a expressão "crítica construtiva", mas quando a fazemos, será que é isso que ela realmente está sendo? Se alguém de sua confiança lhe disser algo mais ou menos assim, ou até mesmo você expressar a seguinte opinião ou algo parecido: "Este seu trabalho está mal escrito, me desculpe dizer isso, mas veja pelo lado bom, é uma crítica construtiva pois lhe dá a oportunidade de fazer melhor". Em que, na verdade, essa interferência foi útil? Sim, o trabalho está mal feito. E agora?

Quando você pensar em criticar algo ou até mesmo quando o alvo for você, lembre-se que uma crítica não constrói se não vier acompanhada de uma solução, mesmo que hipotética. Críticas construtivas não apontam somente onde está o erro, elas dizem como acertar.

A opinião narrada teria sido bem-vinda se o emissor tivesse dito: "Amigo, o resultado do seu trabalho não está legal. Que tal você excluir este parágrafo ou reescrevê-lo de uma forma um pouco menos formal?" Isso teria sido construtivo. Afinal, a opinião dele lhe deu uma ideia de como fazer melhor.

Pense nisso em todos os âmbitos de sua vida. Recebeu uma crítica do seu chefe? Pergunte a ele como melhorar. Você quer criticar algum processo do dia a dia na empresa? Pense em soluções antes de abordar o assunto e com certeza ganhará pontos com o seu gestor.

Em casa, algum membro da família faz algo que lhe parece ser um comportamento destrutivo? Fale para ele, mas diga o que ele pode fazer para melhorar. E lembre-se de não o deixar se abater.

Críticas todos recebemos, alguns mais do que outros por motivos que na verdade não importam. O que faz a diferença é a forma como você as recebe. Lembre-se de não ser arrogante; é importante ter presente que críticas são oportunidades de melhoria. Mas se recorde principalmente que você não deve esquentar a cabeça por algo que alguém disse, talvez maliciosamente para lhe fazer sentir mal consigo mesmo; se esta crítica não vier acompanhada de uma real intenção de lhe mostrar como fazer certo, esqueça-a.

Avalie sempre. Escutar a crítica e compreender a opinião alheia não lhe obriga a segui-la. Afinal, se você escreveu um texto e amou aquele parágrafo, a escolha é sua em deixá-lo onde está.

Crítica construtiva não é aquela que nos deixa para baixo, é aquela que abre nossos olhos. A que nos deixa para baixo tem outro nome. Agora se você é feito de açúcar e não consegue lidar com o fato de que você pode sim, fazer algo mal feito, desejo-lhe boa sorte.

E por fim, mesmo que você tenha boas intenções, filtre suas críticas e faça as que realmente importam, sempre acompanhadas de possíveis soluções aos problemas que as motivaram. Criticar em excesso também não vale. A não ser que você queira ser a pessoa chata da turma. Nesse caso, a você também desejo boa sorte.

3
NÃO CARREGUE O PESO QUE NÃO TE PERTENCE

Ninguém é responsável pela felicidade de uma terceira pessoa, mesmo quando queremos poupá-la de todo o mal e curar todas as suas feridas. Quando nos colocamos em tal posição, tentamos ser responsáveis pela felicidade alheia, e não percebemos o peso dessa tarefa.

Verdade é que não importa o esforço feito para tirar alguém do fundo do poço, ela só sairá de lá quando quiser. Somente abandonará o abismo em que adentrou quando descobrir que sua felicidade não está em outras pessoas ou em coisas, mas no interior de si mesma.

Não somos super-heróis, predestinados a resolver todos os problemas do mundo. A síndrome de Clark Kent não se aplica a nós; não temos superpoderes. Ser um ombro amigo e carregar o peso dos outros nas costas são coisas completamente diferentes.

Não digo aqui que não devemos fazer o bem, ou que não tenhamos de nos preocupar, ou mesmo não nos esforçar para sentir a dor do outro. Ao contrário, um bom ser humano faz tudo isso. Digo que não devemos pôr as mãos nos problemas que não nos pertencem. Cada um tem seus momentos de dor, de feridas abertas, de aperto e tristeza; mas que sempre tendem a se resolver. Cada um supera seus problemas, seus desafios, no seu próprio tempo e à sua maneira.

Faça sua parte para ajudar o próximo; participe de campanhas do agasalho; ajude a servir sopas aos moradores de rua; visite crianças nos orfanatos; escute os problemas de um amigo; dê um conselho quando lhe pedirem; faça a boa ação que melhor lhe convier. Mas nunca faça por alguém o que esse alguém deveria fazer por si mesmo. O verdadeiro amigo está presente quando você cai; o verdadeiro amigo oferece apoio para que você se levante; o verdadeiro amigo não levanta você ou faz o percurso que você deveria fazer, ele anda do seu lado, ele não lhe empurra ou lhe puxa.

Pode ser difícil entender que não nos cabe a responsabilidade de tirar alguém do buraco, que não nos cabe a responsabilidade de ser motivo de felicidade de alguém. Se esse alguém não consegue ser feliz por si só, ele tem sérios problemas.

4

ENGATE A RÉ, SE PUDER

Decisões são mais importantes do que parecem. O momento em que decidimos por algo é o instante em que assumimos a responsabilidade por nossa escolha. Para muitos, isso é algo difícil de se fazer, não importa o grau de importância da decisão. Vai desde o sabor da pizza de sábado à noite ao fim de um relacionamento de anos. Aplica-se também à troca de emprego. É certo que, decidir por algo, pode ser muito mais difícil do que imaginamos.

Nem sempre a dificuldade é atribuída a motivos racionais; também somos feitos de sentimentos e queiramos ou não, os apegos emocionais podem ser grilhões a nos prender. Deixar ou não deixar o emprego? O emprego é ruim, mas o chefe é legal e um grande amigo. Terminar ou não terminar este relacionamento? Um relacionamento que causa sofrimento, mas que já teve seus bons momentos. Muçarela ou calabresa? Meio a meio, pois o estômago também pode tomar suas decisões.

Nem sempre conseguiremos basear nossas escolhas nos impulsos racionais, afinal, não somos feitos só de massa cinzenta, popularmente conhecida como cérebro. Claro que isto não se aplica a todos, há quem tenha a habilidade de conseguir separar razão de emoção num átimo, mas com certeza não é a maioria da humanidade.

De qualquer forma, o importante é que ninguém responsabilize a outrem pelas escolhas que fez. É tão difícil tomar decisões justamente por que não teremos a quem culpar se algo der errado, justamente pelo fato de nos colocarmos em risco sempre que escolhemos um caminho diante da secessão e sempre podemos nos arrepender.

Caso você perceba em algum ponto do caminho que este é o seu caso, não hesite em engatar a ré, melhor ter perdido tempo andando pelo trajeto errado antes de acertar, do que percorrê-lo até o fim e quebrar a cara. Mas atenção: tome cuidado antes de fazer uma escolha, pois nem todas permitirão que você possa voltar atrás, e se você se ver nessa posição, bola para frente, você assumiu o risco e perdeu. Não ganhamos sempre. Só não fique parado esperando algo acontecer, faça as escolhas que deve fazer, mesmo que a sensação seja de estar jogando cara ou coroa. Isso é viver.

5

SERÁ QUE PODEMOS SOFRER EM PAZ?

Pior que passar por maus bocados e sentir a dor disso, é a santa boca que nos incentiva a "ficar feliz", pois coisas piores poderiam ter acontecido.

Você está triste por que o seu cachorrinho de estimação morreu? Para com isso, pelo menos não foi um membro de sua família. Triste por não ter um bom salário? Que motivo banal, você podia estar desempregado. Infeliz por ter perdido um amor? Que nada, tem outros por aí.

E mesmo que você encontre o motivo mais trágico que alguém já ouviu falar, sempre vai aparecer a pessoa que vai dizer que não é nada e citar mil e um exemplos de situações que valeriam seu sofrimento.

Mas que merda. Sofrer agora é proibido? Até isso merece pitaco alheio? Por que será que as pessoas pensam que estão sendo "sensíveis" ao seu problema quando estão, na verdade, sendo exatamente o oposto? Sim, o oposto! Basicamente o que querem dizer é: "que motivo idiota, deixa de ser bobo".

Ninguém sabe como é a dor da outra pessoa, mesmo que as situações sejam similares, os sentimentos não são. Sentimentos são únicos como cada ser humano é. Afinal, se todos são diferentes, por que se espera que sintam de maneira igual?

Então, se você for a pessoa chata que acredita estar animando a outra, contente-se com um abraço acolhedor e até permita que o colega enxugue as lágrimas em sua camiseta. E se você é a pessoa que sempre escuta o quão banal é o seu problema, adivinha qual botão você deve apertar... o foda-se.

Sofrer não mata, chorar não faz secar o corpo e tudo que se precisa nestes momentos é de alguém que lhe apoie e lhe deixe sofrer o que se precisa sofrer. Esse é o jeito saudável de superar algo, não a força por que alguém lhe fez acreditar que seu motivo não importa.

Enfim... pelo dia que poderemos sofrer em paz, sem julgamentos!

6

FALHAS NA COMUNICAÇÃO

Logo no início do curso de comunicação, aprendi uma das coisas que considero mais importante para evitar brigas e constrangimentos desnecessários. Busco aplicar tal aprendizado à maioria das ações do dia a dia, principalmente naquelas que envolvem terceiros. Aprendi que se a mensagem não é assimilada pelo receptor, a responsabilidade, talvez, pode ser de quem a emitiu.

Explicando: aquele que tem interesse em transmitir uma mensagem, precisa escolher a melhor forma de fazê-lo. Precisa avaliar a forma mais eficiente e analisar se há algo que atrapalhará sua entrega. Se tal cuidado não for tomado, a mensagem pode ser recebida com o efeito de "telefone sem fio". E de quem seria a culpa? Certamente não do receptor.

Antes que você comece a se questionar sobre a superficialidade desse assunto, explico que o objetivo aqui não é dar uma aula de comunicação, longe disso. Quero apenas mostrar como podemos nos sair muito melhor nas relações, levando em consideração que tudo o que é de nosso interesse expressar, podemos fazê-lo a partir desta ideia, logrando assim ter mais sucesso em nosso objetivo.

Partindo do pressuposto de que o emissor é responsável pela entrega e qualidade de uma mensagem, vamos primeiramente parar de culpar os outros por não terem entendido o que queríamos dizer e nos perguntar onde foi que a mensagem se perdeu.

Imagine que você diga simplesmente ao seu namorado que está com muita cólica e que não quer sair da cama no fim de semana. Ao dizer isso, você esperava que ele se oferecesse para ficar com você e te presenteasse com muito chocolate, é o que diz o bom senso feminino. Porém, ele entende que você quer ficar sozinha e sair com os amigos. Por que ficou brava? Ele não entendeu o que você não disse e a culpa é dele?

Esse é só um exemplo de muitos momentos em que o "mal-entendido" é, na verdade, uma mensagem mal planejada. Evita-se muito estresse quando se diz exatamente aquilo que se quer dizer, sem mensagens ocultas entre as palavras, sem significados subliminares, sem esperar que a outra pessoa entenda magicamente a confusão da sua cabeça quando não consegue expressar algo.

Trabalhar a comunicação não é só para fins profissionais. Se todas as pessoas levassem essa regra a sério, muitos problemas seriam evitados. Sempre que se irritar por ter expressado alguma ideia, feito algum pedido, ou qualquer outra coisa sem ter sido compreendido, reformule e tente de novo. Não adianta repetir a mesma coisa cem vezes se você já sabe que desde a primeira tentativa não deu certo. Pense em novas formas de dizer o que quer expressar, nem que precise aprender língua de sinais ou código Morse. Responsabilize-se pela mensagem.

Enfim, caso o objetivo do meu texto não tenha sido claro, você já sabe de quem pode ser a culpa.

7

E SE A VIDA FOSSE UM LIVRO?

É comum ouvir por aí que não se deve chorar pelo leite derramado. O motivo é obvio, chorar não vai fazer com que magicamente ele volte ao copo.

Assim acontece com o passado. Sabe aquele erro que você cometeu ou aquilo que alguém fez e realmente te feriu? Nada disso vai desaparecer, não importa o quanto você lamente ou deseje que o tempo volte. Pergunta: isso significa que você não deve lamentar, não deve pensar a respeito, não deve sentir raiva, não deve querer socar a cara de alguém? Não, não significa.

É fato que o passado não volta e que não existe borracha mágica que apague o que não gostamos dele. Infelizmente é necessário aceitar que coisas ruins acontecem; não adianta viver na ilusão, fechar os olhos e fingir que nada sucedeu. Reprimir sentimentos e opiniões nunca foi uma boa ideia, pois são acumulados, interiorizados e uma hora fica maior que o corpo que os carrega, gerando consequências desagradáveis e autodestrutivas. O ser humano precisa expressar o que sente, para si mesmo e muitas vezes para o outro, que pode ser um amigo ou um profissional.

Imagine que você está lendo um livro. O livro é a sua vida. Em dado momento você não gostou do que leu. Você arrancaria a página ou viraria e seguiria em frente? Tem quem deixe de ler o livro, você deixaria de viver a vida por causa de algo que passou (do verbo acontecer)? Ainda faltam tantas páginas. Algumas outras pessoas continuam a leitura, mas furiosas pela página passada, mal aproveitam a leitura das linhas seguintes pois não conseguem se concentrar ou conceber a ideia de que ainda pode melhorar. Você viveria sua vida com raiva e esqueceria de aproveitá-la?

Não existe uma receita mágica para que o passado seja menos marcante ou menos doloroso. É algo que vai diminuindo a importância a cada página virada; não significa que será esquecido, na verdade, o passado nem deve ser esquecido, é com ele que se aprende. Mas é uma página e páginas foram feitas para serem viradas. Leve o tempo que precisar, mas não deixe o livro pela metade. Uma hora a vida vai acabar e suas páginas terão sido deixadas em branco. Que livro chato!

8

QUANDO FOI QUE TUDO FICOU TÃO ERRADO?

Quando foi que as coisas simples se tornaram exceção no dia a dia? Quando foi que começamos a parar para admirar o céu pois não lembrávamos da última vez em que gastamos alguns minutos em tal apreciação? Quando foi que se juntar à família ao redor da mesa para o café da manhã se tornou atividade fora da rotina? Quando foi que o pão com ovo virou novidade no cardápio? Quando foi que os filhos passaram a estranhar demonstrações de amor dos pais? Quando foi que os pais passaram a questionar o respeito de seus filhos? Quando foi que muita coisa normal, se "anormalizou"?

Olhamos para o céu e gastamos minutos contemplando algo que não contemplávamos a dias. Não lembramos de olhar pelas janelas e quando lembramos, agimos feito bobos, postamos fotos da paisagem que está lá fora, sem nos dar o trabalho de pisar no quintal.

Não apreciamos mais a companhia das pessoas que nos são próximas. Adoramos quando nos reunimos, mas não fazemos questão de ao menos no domingo, acordar no mesmo horário para tomar o café. Nem que seja para fazer isso e depois voltar para a cama. É sacrifício demais.

E o pão com ovo, que é simples e delicioso. Mas quem quer preparar e comer um antes de ir para o trabalho? Melhor parar em um "Café", aconchegante e impessoal, gastar alguns trocados com isso e sentir que está fazendo algo diferente, quando o diferente teria sido o pão com ovo.

E o amor, aquele que forma pessoas, que constrói o caráter; o amor entre pais e filhos. Certo seria ouvir um "eu te amo" do pai ou da mãe e revirar o olhar, típico da rebeldia adolescente, por já ter cansado de ouvir. E não o sentimento de surpresa. Surpresa é ouvir esta declaração dos pais? Não parece certo.

Igualmente não parece certo que os pais se surpreendam quando um filho lhe obedece. Respeito, cadê você e por que não sentem sua falta? Só percebem que você existe, quando milagrosamente dá sinal de vida.

Enfim, eis algumas coisas simples que já não são mais simples ou comuns, embora pareça muito errado não serem mais assim. Fica aqui apenas o desejo de que tudo volte ao normal, ao normal de antes, não o de agora.

9

QUEM É VOCÊ, AFINAL?

Hoje em dia nos falta o hábito de nos autoanalisar. Costumamos ouvir comentários de outras pessoas a respeito do que fazemos bem e sobre o que não sabemos fazer. Sobre as nossas características e a respeito da personalidade que temos.

Os amigos e familiares parecem ter todos uma opinião a respeito de você; todos lhe conhecem muito bem e se falam que você é assim ou assado, devem estar certos. No fim, sua *persona* é definida pelas opiniões alheias.

Quantas vezes você já parou na frente do espelho e escutou somente a si mesmo? Para falar a verdade, é bem capaz que você não consiga fazer isso. Você olha no espelho e ainda escuta vozes, todas as vozes que estão na sua cabeça lhe descrevendo da cabeça aos pés e pontuando todas as suas qualidades e defeitos. Isso deve causar uma sensação terrível, sensação de aprisionamento. Você está se dando conta de que o seu eu, é na verdade o eu dos outros?

O lado bom é que com o tempo, as vozes vão perdendo espaço. Basta que você se olhe no espelho mais vezes. Olhe no fundo de seus próprios olhos e liberte-se. Faça uma lista mental sobre as coisas nas quais você é bom em fazer, pense sobre as coisas que você não gosta, finja que está em uma entrevista de emprego e otimize seus pontos fortes e trabalhe os fracos.

Fazemos isso tão pouco. O quão comum é responder essa pergunta de prontidão? Os recrutadores costumam avisar de antemão: "ansiedade não serve como ponto fraco", e aí vem aquele branco na mente. Não saber responder a uma pergunta como esta é provavelmente um sinal de que você não se conhece muito bem. Guarde algumas horas para simplesmente pensar sobre você; dê a si mesmo esse tempo. E pare de responder perguntas usando a opinião dos outros. Afinal, quem deve lhe conhecer melhor? Os outros ou você mesmo?

10

TEMOS DIAS E DIAS

Temos dias bons, outros ruins e outros mais ou menos. Passamos por um turbilhão de emoções e frequentemente somos pegos desprevenidos. A vida tem disso, nos dá rasteiras, nos faz respirar fundo várias vezes e fechar os olhos para não ver o estrago. Mas também nos surpreende, traz coisas boas que geralmente não esperávamos, produz amor e gentileza, leva ao perdão e cria amizades.

No fim da tempestade, encontramos o arco-íris. Cada dia é uma novidade e em certos momentos tudo será fácil, estilo filme "Missão impossível", que apesar do nome, temos certeza que conseguiríamos realizar as mesmas proezas de olhos fechados. Então por que limitar-se aos dias ruins? Claro, toda história precisa de um enredo levemente dramático, mas é para tornar mais emocionante o final, quando as conquistas são feitas em meio a tantas adversidades. Afinal, como ser vitorioso se não havia grau de dificuldade? É como ganhar no pega-pega quando se é "café com leite".

Nem sempre é fácil dar a cara a tapa, mas, às vezes, é preciso. Vale a pena arriscar, mesmo com aquele receio, medo ou desconfiança. Ser forte pode ser enfrentar a si mesmo, ignorar o pessimismo e tentar novamente. Por que a vida acontece, mas não ao acaso. Ela evolui de acordo com o nosso fio condutor.

Cada dia traz suas próprias preocupações. Preocupe-se hoje com o que o hoje tem a oferecer e deixa o amanhã para lá. Ele também terá sua vez.

11

DEUS NÃO COMPROU O SEU CARRO

Eu não sou uma pessoa religiosa, daquelas praticantes, mas acredito profundamente em Deus e na fé cristã, proposta por Jesus. Muito do que acredito veio de informações reunidas daqui e dali. Também aprendi, ao longo do tempo, sobre a crença de meus pais (cristãos), mas no fim cheguei às minhas próprias conclusões. Tenho influências, é claro, mas posso dizer que estou satisfeita com minha visão do Sagrado e concepção do mundo, criado por Deus.

Observo a maneira que as pessoas se relacionam com Deus e como o responsabilizam por tudo; como dão créditos por coisas que realmente não acredito que sejam importantes para Ele.

Por exemplo: quantos automóveis não vemos por aí com os seguintes dizeres no vidro traseiro: "PRESENTE DE DEUS" ou coisa similar. Sério... será que Deus não tem nada mais importante para fazer além de dar carros a pessoas tão materialistas que acreditam que tal "objeto" seja realmente um presente? Poxa, tem fome na África, crianças com câncer, países sofrendo com desastres naturais e um ser agradecendo por ter comprado um carro (diga-se de passagem, com prestações a perder de vista)?

Sim, acredito que Deus nos conceda algumas vontades do nosso "coração", mas Ele não vai a uma loja comprar algo e manda entregar no seu portão. Acredito que seria mais sensato agradecer pela saúde, pela capacidade de trabalhar, pelas boas condições mentais, por coisas que realmente importam e que no fim das contas, contribuem efetivamente para a aquisição de algo (até de um carro).

Da mesma forma, o que acontece de ruim não acontece por que Deus quis assim. Coisas ruins acontecem com todo mundo; a diferença é a forma com que cada pessoa lida com seus infortúnios.

Sim, ter fé em Deus faz maravilhas, pois o ser humano precisa ter algo maior para acreditar. Digo por experiência. Só Deus sabe como acreditar nele me deu forças em momentos difíceis e defendo que todos precisam ter algo para acreditar, independente da nomenclatura.

Enfim, existe algo maior entre nós, mas não somos marionetes de seres superiores que brincam conosco puxando fios lá de cima. Acredite no que quiser, mas acredite em algo. Acreditar faz bem. Mas seja em que/quem acreditar, lembre-se que existem coisas mais importantes no mundo que seu próprio umbigo... ou seu carro alienado.

12

SIM, HÁ UMA VERDADE ABSOLUTA

Nossas verdades não são verdades absolutas. O que temos para nós como certo, pode não ser o certo para o outro. Costumamos querer impor nosso jeito de agir, argumentamos os motivos de nossas escolhas, explicamos e explicamos o porquê da outra pessoa ter que acatar nossa forma de pensar. Depois nos frustramos quando vemos que não deu certo.

Muitas vezes estamos nos guiando por sentimentos, nos importamos tanto com alguém que esperamos que a pessoa faça escolhas melhores. Damos palpites, intromissões, incentivos e opiniões que não foram solicitadas, mas o fazemos por querer assumir a responsabilidade de "converter" a pessoa querida – ou não querida – a uma forma de pensar mais parecida com a nossa.

Seja qual for o assunto, sempre sabemos mais, sempre fazemos melhor e sempre vamos tentar "ajudar" aquele que ainda não concordou conosco.

Se há verdade absoluta, nesse sentido, só pode ser uma: somos pessoas muito chatas.

Será que gostaríamos de ter alguém ao nosso lado enchendo o saco o tempo inteiro, por achar que sabe mais sobre o que é melhor para a gente?

Pare e pense quantas vezes você se irritou ao ver que alguém a quem você cansou de aconselhar, continua cometendo os mesmos "erros". Mas por que você acha que pode definir o certo e o errado?

A amiga que come demais deveria seguir sua dieta de arroz integral e verduras frescas? O fato de você gostar de ser *light* não obriga ninguém mais a ser. O amigo do peito merece uma moça melhor para namorar? Na opinião de quem? Na sua? Ah... pensei que quem deveria escolher namoradas era ele e não você. O irmão ou irmã precisa estudar mais? Claro que precisa, todo mundo precisa, inclusive você, então se preocupe com os seus estudos... e por aí vai.

Não somos donos de verdades absolutas, somos donos de opiniões que geralmente não são solicitadas. Agora, se forem, aí manda brasa, fala tudo que tiver para falar, pois depois disso certamente não pedirão mais.

13

DECORAÇÃO

A vida ensina muito e o faz o tempo todo, principalmente através de pequenas coisas escondidas em situações que nem sempre damos a devida atenção. É como quando aparecem pistas escondidas em um jogo de *videogame* que vão te guiar para o fim do jogo, são e salvo.

Tudo pode ser absorvido e prestar atenção nos pequenos detalhes pode ser muito interessante. Experimente andar em uma calçada movimentada, tal como a da Avenida Paulista, em São Paulo, e deixe de lado seus problemas. Observe os outros. Veja o que as pessoas fazem, como conversam, o que vestem, as gesticulações e tudo que puder reparar. Experimente imaginar que a vida é muito mais que aquilo que você vivencia no dia a dia. A pessoa ao seu lado no ônibus também tem uma vida; o sem-teto deitado na calçada a caminho do seu trabalho tem uma história; o motorista que não para na faixa de pedestres está cheio de preocupações (ou é um idiota mesmo) etc.

Cruzamos com tantas pessoas e nem sequer pensamos nelas como pessoas, são apenas decoração na vida que levamos. Não digo que devemos conhecer, conversar, virar "*best friends forever*" de todos que cruzam nossa vida, mas sim, desenvolver a percepção de que aquela pessoa existe.

Em que isso vai ajudar? Bom, depende de cada um, pode não ajudar em nada, pode ajudar muito, pode ser só uma forma de se distrair; também pode elevar o nível de empatia, ou simplesmente lhe fazer perceber que ficar sozinho no mundo pode ser inútil, ou mesmo agradável em algum momento... Enfim, não tem como saber. No entanto, experimente olhar um pouco mais para os lados ao invés de olhar para si mesmo. Talvez seja uma atitude benéfica. Afinal, que mal isso pode causar?

14

CHEGA DE INUTILIDADES

Durante a vida carregamos muitas coisas. Nem sempre coisas boas. Cada passo fica mais pesado e não se encontra conforto ou leveza nas esquinas; ao contrário, a bagagem aumenta e o peso quase nos faz cair.

São tantas coisas desnecessárias que carregamos dia após dia, seja aquela mágoa antiga ou aquela amizade que de nada agrega.

Pode ser difícil identificar, talvez mais por não querer abrir mão do que por realmente não reconhecer a verdade. Como o amigo que poderia ter ajudado a aliviar o peso, mas que no fundo simplesmente se jogou nas suas costas e piorou tudo. Ou aquele emprego que lhe faz querer chorar toda manhã quando percebia que era hora de sair de casa. Talvez aquele relacionamento amoroso que mais fez chorar que sorrir.

Há também as coisas pequenas, aquelas que guardamos internamente, aquilo que nos magoou e não queremos deixar para lá, como se quiséssemos ficar relembrando unicamente para nos torturar.

Uma verdade em relação a estas pessoas que surgem em nossas vidas, mas que na verdade são só de enfeite: enfeites são coisas inúteis que só dão trabalho e ficam acumulando pó. Ponto!

E vamos falar das coisas materiais também, aquela roupa que você guarda pois acha que vai usar um dia... você não vai usar. Aceite! E por aí vai. Precisamos identificar o que é útil e o que não é; fazer uma análise minuciosa e, às vezes, regada de certo nível de insensibilidade.

Chega de sair por aí carregando tanto nas costas, a vida é curta e o peso só nos atrasa.

15

NÃO É FÁCIL
SER INTELIGENTE

Não é fácil ser inteligente. Não me refiro à inteligência acadêmica, mas àquela que nos leva a tomar decisões acertadas.

O calor do momento, a raiva, o desejo do ajuste de contas, a ansiedade, entre outros muitos sentimentos que existem basicamente para nos fazer tomar uma decisão que nos causa arrependimento no futuro, não são fáceis de controlar.

É comum ouvir dizer para não se preocupar com o amanhã, mas na prática não é bem assim que funciona. O amanhã vai chegar todos os dias de sua vida e vai fazer ressoar o que você fez ontem.

Ser inteligente é pensar antes de falar e principalmente de agir; é considerar no que qualquer decisão poderá resultar. É saber avaliar o bem, ou mal, que esta decisão fará a si mesmo, e ao próximo.

Com frequência falamos o que queríamos falar e depois percebemos o quão errado foi tal atitude. Usamos o argumento de que é melhor "botar para fora" do que se deixar consumir por dentro, simplesmente para depois perceber que "explodir" foi um erro com grandes consequências.

Soltamos palavras para ferir, prosseguimos com atitudes por puro descaso com nossa própria consciência. E para quê? De que serviu? Melhorou a situação? Fez você se sentir melhor? Torço para que sim, pois não é sempre que os resultados são bons.

16

BE HAPPY!

Uma das coisas mais libertadoras é fazer o que se gosta sem se importar com as opiniões. É se dar o direito de ser brega ao vestir uma roupa que gosta muito e se sentir um arraso. É comer aquele prato delicioso que você quase nunca come sem sentir vergonha de parecer esfomeado. Colocar os fones de ouvido e cantar alto; quem sabe até arriscar uns passinhos no meio da rua. Afinal, quais das pessoas que te observam você voltará a encontrar?

A vida não deve ser monótona e cheia de padrões. Não devemos ser o comum, o socialmente aceitável, claro, desde que ser o oposto disso não seja algo que comprometa a integridade física ou emocional do próximo.

Agora se a única coisa que fere é o ego alheio, vá ser feliz. Ao contrário do que muitos pensam, não existe vergonha alheia.

Quando aceitamos ser comuns, perdemos a oportunidade de ser as pessoas extraordinárias que nascemos para ser. Excluímos a oportunidade de ver colorido onde só se vê cinza. Perdemos a chance de ser artistas, de ser criativos; sufocamos a arte de criar. E tudo para quê? Para sermos aceitos em uma sociedade chata, repleta de julgamentos e mesmice? Será que vale a pena deixar de ser você mesmo para ser como o outro que nem ele mesmo sabe quem é?

Se você não pretende fazer mal a ninguém, inclusive a você mesmo, lembre-se que passar vergonha é algo que acontece somente quando aceitamos mais a opinião do outro que a nossa própria. *Be happy*!

17

NEM TUDO É OPINIÃO

Liberdade de expressão, internet e redes sociais. O que de fato significa a junção destes itens? Vivemos em uma época que as pessoas têm orgulho de dizer o que pensam, embora digam através de redes que, muitas vezes, as protege no anonimato.

É engraçado como vomitar opiniões idiotas e ofensivas virou significado de liberdade de expressão para muitos que assinam suas postagens simplesmente como anônimo, ou através de perfis falsos. São gente que provavelmente não tem amigos na vida real e vive de causar burburinho na internet recebendo como recompensa a falsa sensação de ser "amado" ou "admirado", mesmo que seja por alguém com quem nunca teve contato real.

Não obstante a tudo isso, a pergunta é: em que ponto deste caminho chamado liberdade o sentido de humanidade ("ser" [do verbo ser] humano) e a empatia ficaram para trás?

Opinião é opinião, calúnia é calúnia e ofensa é ofensa. São três coisas diferentes, embora seja evidente, dadas as circunstâncias, que muitos não saibam diferenciar o que é o que.

"Tal pessoa é feia e burra, essa é minha opinião". Não, essa é uma ofensa que você direciona a alguém.

"Acredito que meu concorrente de vendas não seja ético e roube seus clientes, na minha opinião você não deve confiar nele". Não, isso não é uma opinião.

Usar do termo "liberdade de expressão" para justificar bobagens ditas sem nenhum fundamento ou argumentos sólidos que sustentem sua "opinião" é manchar o termo duramente conquistado em épocas outrora muito difíceis, quando realmente não se podia expressar de forma legítima sem ter de pagar com o preço da perseguição, tortura e em muitos casos, da morte.

Quem gosta de usar os meios atuais para exercer tal liberdade, que o faça de forma construtiva. Não consegue, então criei um *blog* de fofocas e sensacionalismo, assine embaixo e faça sucesso com isso; infelizmente ainda há público para idiotice.

E essa é só minha opinião; para alguns (espero que não para você) apenas outra bobagem qualquer. Pense antes de falar, escrever e publicar. Nem tudo é liberdade de expressão. Talvez nem isso aqui...

18

MÃES SÃO SEMPRE MELHORES

Não é explícito, mas é percebido. Dizer em uma entrevista de emprego ou de uma promoção que se é mãe é quase como dizer: não me escolha.

Não entendo o porquê. Sim, é comum que mães se ausentem por que o filho acordou com febre de 39° e não havia uma alma viva que pudesse cuidar da criança ou levá-la ao pediatra. E claro, muitas delas também têm quem ajude, mas passa o dia com o nível de produtividade reduzida por ter a mente redirecionada, basicamente à criança e seu estado de saúde.

Uma coisa aprendi após a maternidade: mães arrasam. Quem não olha para uma delas e se pergunta como ela dá conta de todas as atividades sem tirar o sorriso do rosto não sabe o que é superação. Mães aprendem a fazer várias coisas ao mesmo tempo. A mulher em si já faz isso muito bem, mas uma mãe, é coisa de outro mundo. Além disso, ela sabe definir as prioridades, pois embora queira fazer tudo, nem sempre é possível, então, ela aprende a organizar tudo por ordem de importância.

Infelizmente nada disso tem valor para muitas empresas; filhos são vistos como problemas quando na verdade são o que mais as fazem desenvolver habilidades valiosíssimas. Sim, ela provavelmente vai entregar atestado pela dor de barriga do filho, mas isso realmente importa quando, na verdade, ela consegue ser mais produtiva por ter essa liberdade, do que se não a tivesse?

Ela não deveria ter que escolher entre trabalho e filho; não deveria sentir culpa por escolher o trabalho, uma vez que o amor do filho não se perde, mas o trabalho sim. Não deveria perder uma promoção ou qualquer outra oportunidade.

A todos os gestores: mães são solução, não problema. A que é problema, nada tem a ver com o fato de ser mãe, pois a boa profissional consegue compensar qualquer ausência, então não generalizem.

19

AMARRAS

Amarras. Todos temos as nossas, às vezes, mal notamos. São pequenas coisas que nos seguram ou nos puxam para trás. Medos, inseguranças, hábitos ruins, vícios, sentimentos controversos etc.

É mais fácil perceber no outro aquilo que deveríamos perceber em nós. "Fulano não vai para frente porque está sempre gastando demais". "Ciclano está naquela situação por que não consegue conviver com as pessoas". "Beltrano passa sempre pelos mesmos problemas porque não consegue deixar de fazer aquela coisa irritante que sempre faz".

Olhamos os outros como se fôssemos perfeitos. Mas e aquela promoção de emprego que sempre almejamos e nunca conseguimos? E a tristeza recorrente quando uma lembrança vem à tona? E o relacionamento que não vinga? O que te segura ou te puxa para trás? O que não te deixa viver plenamente?

É tão mais fácil nos apegarmos às nossas amarras ao invés de buscar viver sem elas? No fundo, tê-las nos faz sentir mais seguros? Talvez uma proteção contra o desconhecido; talvez uma justificativa para o fracasso; talvez ainda um motivo para não tentar ir adiante e seguir acomodado.

Enfim, ao menos tente conhecê-las. Todos as têm. Depois disso, pense se as cortará ou se já está apegado demais para viver sem elas.

20

INVEJA... A INVEJA

É difícil reconhecer, seja em si ou no próximo. É árduo aceitar, seja em si ou no próximo. Magoa, fere, atormenta, destrói, seja quando parte de si, seja quando parte do próximo. Alguns reconhecem com mais facilidade, aceitam e trabalham para evitar consequências; outros permanecem no engano, seja por vergonha de reconhecer em algo tão nocivo vindo de dentro ou por não querer ser alvo de algo assim. Essa é a inveja.

Quem nunca ouviu a expressão "a inveja mata"? Na literatura judaico-cristã vemos o relato em que Caim mata o irmão Abel, certo? Foi por inveja!

Pessoas insistem em dizer que um pouco de inveja não faz mal. Ledo engano. Faz mal sim, e muito. Imagine um sentimento negativo e a carga que representa a pessoa que carrega ou é alvo de um sentimento tão destrutivo. A inveja mata, sim. Aniquila aos poucos os bons sentimentos, a alegria pela própria vida e principalmente a alegria pela felicidade alheia – sim, é possível sentir alegria pela felicidade alheia. A inveja é um sentimento que cresce e corrói. É a emoção que cega e que assim como Caim, pode levar a consequências trágicas e irreversíveis.

O poeta italiano Dante Alighieri descreve de forma magistral esse sentimento e qual é o destino daqueles acometidos por ele. No segundo canto da Divina Comédia, Dante define a inveja como o "amor pelos próprios bens pervertido ao desejo de privar a outros dos seus", e o castigo a que os invejosos estão fadados é ter seus olhos costurados com arame, justamente para que aqueles que tenham tido prazer em ver o declínio alheio fossem eternamente privados da luz.

O maior obstáculo é entender em si este sentimento, seguido pela dificuldade em reconhecer que se é alvo de uma pessoa invejosa. A verdade é que não queremos admitir que a felicidade de alguém nos faz infeliz e não queremos que nossa felicidade seja motivo de raiva e dor para alguém, não por sermos felizes às custas do outro, na dor do outro, mas simplesmente por ter gente que não nos quer feliz.

Sugiro atenção aos próprios sentimentos e atenção a atitudes suspeitas de pessoas próximas. Mas a verdade é que como eu disse no início, é difícil reconhecer e aceitar. Mesmo que seus instintos lhe avisem, é somente depois de uma consequência que tudo passa a fazer sentido.

21

AJUDA, VOCÊ AINDA VAI PRECISAR DELA

Reconhecer e aceitar que não se é um "sabe-tudo" pode ser difícil para muitos. Às vezes, passamos por situações em que não conseguimos encontrar uma solução, seja algo pessoal, profissional, educacional; seja o que for, até mesmo aquele jogo de palavras cruzadas que ficou empacado.

Pedir ajuda não caracteriza uma trapaça, tampouco incompetência, não necessariamente é preguiça, simplesmente. Claro, levando em conta que seus próprios recursos para solucionar a questão já foram esvaziados.

Saber reconhecer o momento em que um pedido de ajuda é necessário é mais um ponto positivo do que uma fraqueza ou derrota pessoal. A pessoa que confia em si mesma não teme recorrer à ajuda, pois sabe que aquilo não a diminuirá. O dito eficiente não teme mostrar que há algo que não consegue fazer sozinho, pois faz parte da eficiência o trabalho conjunto, aquele em que um supre a deficiência do outro.

Quem pede ajuda não só conhece a si mesmo e suas habilidades, como também sabe reconhecer as do próximo e, mais ainda, é o tipo de pessoa que também é consultada quando alguém está passando por uma situação que requer algum tipo de apoio.

Todos os pontos negativos associados ao ato de pedir ajuda só são realmente negativos quando surgem da ideia de se aproveitar do próximo, de deixar que o outro faça por você, quando vem da preguiça de pensar e agir. Fora isso, pedir ajuda é puramente um ato nobre de coragem.

22

CORAGEM

Parece que a coragem bate quando estamos no auge do nosso limite. A adrenalina toma conta, o coração acelera, todas as pequenas coisas outrora acumuladas resolvem surgir de uma vez; a razão perde o espaço e, logo, estamos nos arrependendo de algumas atitudes tomadas de cabeça quente.

Mas não se preocupe, o cenário nem sempre será esse. Vamos mudar o final. A adrenalina toma conta, o coração acelera, todas as pequenas coisas outrora acumuladas resolvem surgir de uma vez, a razão ganha o espaço e, logo, estamos finalmente tomando a decisão que faltava para seguir em frente.

Nem sempre uma atitude mal planejada e proveniente de um momento de descontrole emocional resulta em algo ruim. É bom saber que existe uma possibilidade de tudo acabar bem, mas é necessário assumir a responsabilidade caso o desfecho não seja esse.

Por isso, no calor do momento, pare por 1 minuto. Respire. Se for facilitar, tome um gole de água e segure-o na boca por esse período, para evitar que a boca seja mais rápida que o pensamento. Pergunte-se se está preparado para o que vai acontecer depois disso. Pergunte-se se vale a pena; pergunte-se se quer assumir novos desafios, riscos; pergunte-se se não há outra forma de se expressar; enfim, pergunte-se se isso te fará feliz por um momento ou definitivamente.

Agora pode engolir a água, respire fundo e faça sua escolha.

23

DESPERDÍCIO

É engraçado o quão visível é a pobreza no mundo e o quão alto continua sendo o nível de desperdício. Vide nossas lixeiras em dia de coleta. Não vou dizer para evitar o desperdício reaproveitando casca de banana, garrafas PET ou o que costuma surgir de novidade por aí. Claro, são ideias interessantes, criativas e muito úteis, mas nem todos têm essa aptidão, diria quase manual, ou gostam de comer casca de banana frita, se é que alguém come isso.

Então... como evitar o desperdício?

É possível fazê-lo através de coisas e atitudes simples, como preparar menos comida para não jogar fora o resto, usar as roupas que tem antes de comprar mais e deixar as antigas mofando no guarda-roupa, doar aquilo que não se usa mais ao invés de acumular. Enfim, evitar o desperdício é uma atitude que pode estar basicamente em tudo o que se faz no dia a dia. É uma atitude que precisa estar incrustada na consciência de que se algo não está bom para você, pode estar bom para o outro. Claro, quando falo em não estar bom, não me refiro a estar em más condições, mas sim no que tange o agrado pessoal.

Aprender a evitar o desperdício é uma prática enriquecedora, faz bem para o bolso e faz bem para alma. Para alma? Sim! Vai me dizer que quando joga comida fora não sente um peso na consciência? Se não sente, sinceramente, seu caso é pior do que você imagina.

24

DINHEIRO NÃO TRAZ FELICIDADE?

Dinheiro não traz felicidade, o importante é ter saúde. Ah, é? Experimenta não ter dinheiro para o pão e para a conta de luz, mês a mês, para ver o que acontece com sua preciosa saúde.

Quando eu ganhava mais, não era tão feliz quanto hoje. Essa é a frase de quem nunca aprendeu a lidar com dinheiro.

Dinheiro não compra amor? As pessoas acham que amor está unicamente em encontrar alguém para chamar de alma gêmea. Já dizia Nelson Rodrigues, "dinheiro compra tudo, até amor verdadeiro".

Financeiramente falando, grande parte das pessoas não são muito espertas. Também, com tantas frases ridículas romantizando a pobreza. Isso está mais para uma dor de cotovelo que infelizmente fez muitos passarem a adotá-la como lema de vida.

Se dinheiro não compra saúde, ao menos paga a conta do hospital (plano de saúde) e os remédios. Se não compra amor, paga a sonhada viagem para aquele lugar maravilhoso, onde pode estar inclusive, aquele amor tão sonhado.

Ser feliz por se ter dinheiro não é vergonha nenhuma. Claro que você não vai esfregar isso na cara de quem não tem ou gastar sem responsabilidade. A única forma de dinheiro levar à infelicidade é pela forma que você o conquistou. Trabalho duro e honesto merece ser recompensado e dinheiro é a moeda de troca por suas suadas horas pegando no batente. Poupe, gaste, tudo na medida certa e seja feliz.

25

DICAS

Só uma dica, ou duas, talvez algumas... não vamos numerar, é melhor. Como lhe contei logo na introdução, não sou especialista em nada específico, e se você chegou até aqui é porque não se desanimou na leitura... ou simplesmente quis fazer valer a pena o investimento que fez ao adquirir este livro.

Sempre considerei o fato, mais que um fato, o desejo de ir bem na vida e a perfeita harmonia entre três coisas: mente, corpo e coração. Às três se faz necessário, a todo o instante, dar condições para que se interajam de forma harmoniosa.

Preste atenção: quando falo sobre mente, quero dizer que precisamos nos conhecer, nos aceitar, aceitar que não controlamos nada ao nosso redor, fazer o melhor por nossos sonhos, saber que se é capaz.

Quando falo sobre corpo, não quero dizer que se deve ir para a academia todos os dias e comer alface toda noite. Cuidar do corpo é, principalmente, não cometer excessos. Açúcar em excesso, cerveja, refrigerantes, comida em demasia. E a preguiça, preguiça em excesso, sedentarismo contínuo, e até o contrário de tudo isso em exagero não serve para nada além de causar danos ao corpo. Então, tente se equilibrar; fazer a junção de um pouco do que gosta e um pouco do que não gosta, pois não é por que não gosta que seja ruim. Se esforce.

E o coração... amor é importante, amar um outro ser vivo, ter a quem direcionar bons sentimentos. Se não quer um relacionamento, ame um gato ou um cachorro, um papagaio talvez. Animais são ótimos em retribuir sentimentos, até os gatos, mesmo que digam o contrário. Ame e cuide de alguém além de si. A vida agradece.

26

RÁPIDO, SEMPRE RÁPIDO

Hoje em dia tudo acontece tão rapidamente. Notícias que outrora levavam dias para serem dadas via carta, hoje se dão em fração de segundos. E o hilário é que, mesmo tudo acontecendo mais rápido, a ansiedade não diminuiu. Parece que quanto mais rápido for o desenrolar das coisas, mas ansiosos ficamos.

Vivemos com pressa de tudo e em tudo; com borboletas no estômago durante a espera, nervosos com a demora. Mesmo que tudo aconteça mais rápido, estamos ficando intolerantes ao tempo.

O que fazer a respeito disso?

Bom, desacelere. Imagine-se em uma corrida. Quanto mais rápido você vai, mais rápido bate o coração. Se você começar a caminhar, aos poucos o ritmo cardíaco volta ao normal. Na vida é a mesma coisa, acostume-se a deixar as coisas acontecerem em seu tempo; aceite que as horas não passam de acordo com seu ritmo pessoal.

Entendo que algumas coisas precisam ser feitas com mais rapidez que o normal e realmente a espera não é possível; mas são algumas coisas e não a vida toda. A vida tem que acontecer devagar, com apreciação, com calma, com um ritmo que permita caminhar e olhar para os lados e não somente correndo em disparada com o risco de tropeçar nos próprios pés.

Não trabalhe contra o tempo. Compreenda-o. Se há algo urgente, não faça desse algo, um tudo.

Se há algo que demora a acontecer, aproveite o tempo de espera e faça algo para se distrair, como ler este livro, por exemplo.

Enfim, minha última sugestão é: use o tempo a seu favor, não queira que ele vá mais rápido ou mais devagar. O tempo não te pertence, mas a vida que você tem é toda sua para ser aproveitada em todos os momentos.

27

INFELIZ ANO VELHO, ADEUS ANO NOVO

Fim de ano, festa em família, amigo-secreto (ou oculto), retrospectivas, lista de metas e promessas, esperança, saudade. Momento de repensar, de concluir, iniciar, mudar de estratégia, avaliar o que deu certo e o que deu errado.

Fim de ano, muitas coisas não precisariam esperar até aqui para mudar, mas esperaram. O que está ruim agora, já não estava bom antes, e se já não estava bom antes, por que esperar o próximo ano para mudar?

Fim de ano, muitos encontros que acontecem mais pela comida que pela vontade genuína de rever pessoas queridas.

Fim de ano, olhos voltados ao céu para a contemplação dos fogos de artifício que ofuscam as estrelas quase nunca percebidas. E esperar fim de ano para ver os fogos? Eles são vendidos o ano todo. Tudo bem... eu sei que você quer se aproveitar dos gastos dos vizinhos e isso só acontece nessa época.

Tem quem vá encerrar o ano agradecendo, há também aquelas que vão findá-lo aliviados por vê-lo no ocaso de sua história. Convenhamos que foi um ano difícil: desemprego, tragédias, a tal da política e seus desdobramentos, sem falar nos problemas pessoais... Adeus ano velho, feliz ano novo.

Se tem uma parte dessas comemorações que são tão artificiais quanto os fogos explodindo no céu, também há outra que nos traz aquela ansiedade e vontade de desbravar o mundo e conquistar tudo aquilo que até então não foi possível.

Meu desejo a você é que na passagem de ano, sejamos todos agraciados com aquela chuva fresca e leve para nos limpar daquilo tudo que queremos deixar para trás. Se isso acontecer, erga a cabeça e deixe a água escorrer pelo rosto, respire fundo e vá em frente. Esqueça os fogos de artifício e tenha esperança.

Ah! E no ano que vem não vá em festas pela comida; não brinque de amigo secreto se tem medo de tirar alguém que não gosta; olhe para o céu todas as noites; mude o que precisa mudar a qualquer momento, pois não existe regra que diga que mudanças só são permitidas em 1º de janeiro. Escolha a felicidade todos os dias, esteja com quem ama sem precisar de datas especiais, seja você mesmo por mais tempo. Empenhe-se em tornar reais os seus sonhos, nunca se sabe se haverá outro "ano que vem" para adiar algo por mais tempo.

CONCLUSÃO

Foram apenas 70 páginas... 27 capítulos. Tenho quase certeza que não doeu tanto assim, verdade? Estou certa de que você, ao longo dessas páginas, aprendeu alguma coisa, nem que seja que tudo o que eu disse não condiz com a realidade. Minha ideia era, sobretudo, apontar caminhos. Não quis mudar o mundo, muito menos o seu mundo, sacrossanto ambiente individual.

Mudar hábitos não é uma atitude radical, como muitos pensam. É adequação da realidade cotidiana com aquilo que você quer melhor. Claro, pode-se transitar do hábito bom ao hábito ruim, mas essa não era a minha proposta e estou certa de que não é a sua.

Logo nas primeiras páginas citei Confúcio, um pensador e filósofo chinês nascido em 551 a.C. Segundo ele, "é mais fácil vencer um mau hábito hoje do que amanhã". Por isso, mudar hábitos é atitude de agora, um pouquinho de cada vez, uma dose a cada dia.

A partir desse momento, você tem uma nova proposta para incluir ao seu programa de vida. As fraquezas que foram reconhecidas lhe darão forças para potencializar as suas habilidades.

Esta obra foi composta em CTcP
Capa: Supremo 250g – Miolo: Book Ivory Slim 65g
Impressão e acabamento
Gráfica e Editora Santuário